ÉTUDES SUR L'ORIGINE

DU

SYSTÈME MUSICAL

METZ. — TYPOGRAPHIE ROUSSEAU-PALLEZ, RUE DES CLERCS, 14.

ÉTUDES SUR L'ORIGINE
DU
SYSTÈME MUSICAL

PREMIER MÉMOIRE

PAR

A. BARBEREAU

ANCIEN PENSIONNAIRE DE FRANCE A ROME, AUTEUR DU TRAITÉ THÉORIQUE
ET PRATIQUE DE COMPOSITION MUSICALE

Édition augmentée d'un Errata complet et d'une Table des matières

PRIX NET: 4 FRANCS

PARIS
GAUTHIER-VILLARS, SUCCESSEUR DE MALLET-BACHELIER
Imprimeur-Libraire, quai des Grands-Augustins, 55

METZ
ROUSSEAU-PALLEZ, IMPRIMEUR-LIBRAIRE
rue des Clercs, 14

1864

ÉTUDES SUR L'ORIGINE

du
SYSTÈME MUSICAL

PREMIER MÉMOIRE

A. BARBEREAU

Celles augmentée d'un Errata, complété à l'aide d'observations inédites.

PARIS
GAUTHIER-VILLARS, SUCCESSEUR DE MALLET-BACHELIER
Imprimeur-Libraire, quai des Augustins, 55

METZ
ROUSSEAU-PALLEZ, IMPRIMEUR-LIBRAIRE

1864

ERRATA.

NOTA. — Les corrections indiquées dans cet errata sont indispensables pour l'intelligence de cet ouvrage.

PAGE VI. — Entre les lignes 21 et 22.

Mettre un filet, comme le modèle ci-dessous, pour séparer la phrase et recommencer l'alinéa par : Si l'on dispose plusieurs sons, etc.

Page VIII. — Figure à substituer à celle du texte.

$Fa0 — Ut1 — Sol3 — Ré4$, etc.

Longueurs.	1	$\frac{1}{3}$	$\frac{1}{9}$	$\frac{1}{27}$
Vibrations	1	3	9	27

Page VIII. — Ligne 2 en remontant.

Au lieu de : Si l'on base les différents états de grandeur de la corde, *lisez :* Si l'on prend pour base les différents états de grandeur de la corde.

Page IX. — Ligne 10 en remontant.

Au lieu de : 5, 7, 11, *lisez :* 5, 7, 11, 13.

Page XIII. — Ligne 6 en descendant.

Au lieu de : sera démontée, *Lisez :* sera démontrée.

Page XV. — Ligne 12 en descendant.

Au lieu de : Sur la série récurrente $\frac{1}{2}, \frac{1}{3}, \frac{1}{4}, \frac{1}{5}$, etc. *lisez :* Sur la série récurrente $1, \frac{1}{2}, \frac{1}{3}, \frac{1}{4}, \frac{1}{5}$, etc.

Page XVI. — Fig. 1.

3ᵉ colonne. *Au lieu de*: Quinte majeure, *lisez*: Quinte augmentée.

Page XXVIII. — Ligne 8 en descendant.

Au lieu de: et la tendance des accords altérés. *lisez*: et de la tendance des accords altérés.

Page XXIX. (1ʳᵉ fig.) — **Figure à substituer à celle du texte.**

voisines, chacun des termes de l'accord : $\begin{cases} La \\ Fa \\ Ré \\ Si \\ Sol \end{cases}$ appelé comme on sait, accord de neuvième dominante majeure.

Page XXX. — Ligne 17 en descendant.

Supprimez le mot dont qui est doublé.

Page XXX. — Lignes 3 et 1 en remontant.

Ligne 3. Mettre une virgule après le mot d'attraction.
Ligne 1. Otez la virgule après le mot rapports.

Page XXXI. — **Figure à substituer à celle du texte.**

$\dfrac{Ut}{Sol} \quad \begin{Bmatrix}Mi\\Sol\end{Bmatrix} \begin{Bmatrix}Sol\\Mi\end{Bmatrix} \begin{Bmatrix}Mi\\Ut\end{Bmatrix} \begin{Bmatrix}Ut\\Mi\end{Bmatrix} \begin{Bmatrix}Sol\\Ut\end{Bmatrix}$

Page XXXII. — **Figure à substituer à celle du texte.**

2° $\begin{cases}La2\\Fa1\\Ré1\\Si1\\Sol1\end{cases}$ agrégation attractive ; donne une valeur vibratoire égale à celle de l'agrégation résolutive .... $\begin{cases}Sol2\\Mi\text{-}Mi1\\Ut1\\Sol1\end{cases}$

Page XXXIII. — **Figure à substituer à celle du texte.**

Gamme diatonique ascendante. (1)   Gamme diatonique descendante.

$Ut1\ Ré1\ Mi1\ Fa1\ Sol1\ La1\ \underbrace{\begin{cases}Si1 &\!\!-\!\!\!\gg Ut\,2\\Fa1 &\!\!-\!\!\!\gg Mi1\\Ré1 &\!\!-\!\!\!\gg Ut1\\Sol0 &\!\!-\!\!\!\gg Sol0\\Ré0 &\!\!-\!\!\!\gg Mi0\\Sol\text{-}1 &\!\!-\!\!\!\gg Ut0\end{cases}}_{\text{Acc. attractif.}} \text{Ut2}\ Si1\ La1\ Sol1\ Fa1\ Mi1 \underbrace{\begin{cases}Ré1 &\!\!-\!\!\!\gg Ut1\\Si0 &\!\!-\!\!\!\gg Ut1\\Sol0 &\!\!-\!\!\!\gg Sol0\\Fa0 &\!\!-\!\!\!\gg Mi0\\Ré0 &\!\!-\!\!\!\gg Mi0\\Sol\text{-}1 &\!\!-\!\!\!\gg Ut0\end{cases}}_{\text{Acc. attractif.}}$

NOTA. Les indices —1, 0, 1, 2 écrits à la droite du nom des notes servent à déterminer la position relative des sons dans les accords embrassés par les accolades.

Page XXXVI. — Ligne 1 en remontant.

Au lieu de : Sur le ton, *lisez :* sur le son.

Page XLIV. — Ligne 8 en descendant.

Au lieu de : seconde majeure supérieure et avec *Mi, lisez :* seconde majeure supérieure et avec *Mi♯*.

Page XLVIII. — Ligne 5 en remontant.

Au lieu de : La Ut Mi, *lisez :* La Ut♯ Mi.

Page LI. (1re fig.) — **Figure à substituer à celle du texte.**

$$Fa \; Ut \; Sol \; Ré \; La \; Mi \; Si \; Fa\sharp \; Ut\sharp \; Sol\sharp$$

Page LI. — Ligne 9 en descendant.

Au lieu de : Or, ces circonstances se retrouvent dans la résolution de résonnance : *lisez :* Or, ces circonstances se retrouvent dans la résolution de l'accord de résonnance :

Page LIV. — **Figure à substituer à celle du texte.**

$$(M) \begin{cases} Ré\sharp \to Mi \\ Si\sharp \to Ut \\ Sol \text{—} Sol \\ Fa \to Mi \\ Sol \to Ut \end{cases} \quad FA \; ut \; SOL \; ré \; la \; mi \; SI \; fa\sharp \; ut\sharp \; sol\sharp \; RÉ\sharp$$

Page LV. (1re fig.) — **Figure à substituer à celle du texte.**

$$(N) \begin{cases} Ré\sharp \to Mi \\ Si \text{—} Si \\ Sol \to Sol\sharp \\ Fa \to Mi \end{cases} \begin{cases} Ré\sharp \to Mi \\ Si \text{—} Si \\ Fa \to Mi \\ Sol \to Sol\sharp \end{cases} \quad FA \; ut \; SOL \; ré \; la \; mi \; SI \; fa\sharp \; ut\sharp \; sol\sharp \; RÉ\sharp$$

Page LV. (2ᵉ fig.) — **Figure à substituer à celle du texte.**

$$(M) \begin{cases} Ré\sharp \longrightarrow\!\!\!\!\gg Mi \\ Si \longrightarrow\!\!\!\!\gg Ut \\ Sol \longrightarrow Sol \\ Fa \longrightarrow\!\!\!\!\gg Mi \\ Sol \longrightarrow\!\!\!\!\gg Ut \end{cases} \quad FA \quad ut \quad \widehat{SOL} \quad ré \quad la \quad mi \quad SI \quad fa\sharp \quad ut\sharp \quad sol\sharp \quad RÉ\sharp$$

$$1 \quad 2 \quad 3 \quad 4 \quad 5 \quad 6 \quad 5 \quad 4 \quad 3 \quad 2 \quad 1$$

Page LVI. — **Figure à substituer à celle du texte.**

A.
```
La       | Sol
Si       | Ut
Ré—Ré♯ —»| Mi
Sol——————| Sol
Fa    —» | Mi
```

B.
```
La    —» | Sol♯
Si       | Si
Ré—Ré♯ —»| Mi
Sol——————| Sol♮
Fa    —» | Mi
```

Page LVII. (2ᵉ fig.) — **Figure à substituer à celle du texte.**

2° L'une des deux résolutions symétriques (N), exprimées précédemment dans les fig. M, N de l'agrégation Fa Sol Si Ré♯.

$$Fa \quad Ut \quad Sol \quad Ré \quad La \quad Mi \quad Si \quad Fa\sharp \quad Ut\sharp \quad Sol\sharp \quad Ré\sharp$$

M.   N.

Page LVII.

Mettre un filet comme ci-dessous sous la 3ᵉ figure.

Page LVII. (4ᵉ fig.) — **Figure à substituer à celle du texte.**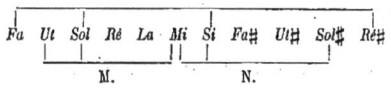

$$A. \begin{cases} Ré\sharp \longrightarrow\!\!\!\!\gg Mi \\ Si\longrightarrow Si \\ La \longrightarrow\!\!\!\!\gg Sol\sharp \\ Fa \longrightarrow\!\!\!\!\gg Mi \end{cases} \quad B. \begin{cases} Ré\sharp \longrightarrow\!\!\!\!\gg Mi \\ Si \longrightarrow\!\!\!\!\gg Ut \\ La\longrightarrow La \\ Fa \longrightarrow\!\!\!\!\gg Mi \end{cases}$$

$$Fa \quad Ut \quad Sol \quad Ré \quad La \quad Mi \quad Si \quad Fa\sharp \quad Ut\sharp \quad Sol\sharp \quad Ré\sharp$$

1	2	3	4	5	6	7	8	9	10	11
11	10	9	8	7	6	5	4	3	2	1

Page LVIII. — Figure à substituer à celle du texte.

C. $\begin{cases} La \longrightarrow Sol\,3 \\ Ré\sharp \longrightarrow Mi\,6 \\ Fa \longrightarrow Mi\,6 \\ Si \longrightarrow Ut\,2 \end{cases}$ D. $\begin{cases} La \longrightarrow Sol\sharp\,2 \\ Ré\sharp \longrightarrow Mi\,6 \\ Fa \longrightarrow Mi\,6 \\ Si \longrightarrow Ut\sharp\,3 \end{cases}$ E. $\begin{cases} Ré\sharp \longrightarrow Mi\,6 \\ Si \longrightarrow Ut\sharp\,9 \\ La \longrightarrow La\,5 \\ Fa \longrightarrow Mi\,6 \end{cases}$ F. $\begin{cases} Ré\sharp \longrightarrow Mi\,6 \\ Si \longrightarrow Si\,5 \\ La \longrightarrow Sol\,9 \\ Fa \longrightarrow Mi\,6 \end{cases}$

Page LIX. — Ligne 20 en descendant.

Les deux alinéas sont réunis en un seul. Ainsi : Cette résolution n'est autre que celle exprimée page LVI, en supposant que l'accord, etc.

Page LIX. — Figure à substituer à celle du texte.

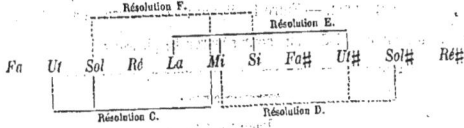

Page LX. — Entre les lignes 2 et 3 en remontant.

Mettre un filet comme ci-dessous pour séparer les deux alinéas, après les mots : qui vient d'être étudié.

———————————————————————

Page LX. — Figure à substituer à celle du texte.

G1 (¹)	G2	H	I	J
Ré♯ Mi	Ré♯ Mi	Ré♯ Mi	Ré♯ Mi	Ré♯ Mi
Ut —— Si	Fa Mi	Ut — Ut	Ut Ut	Ut Ut♯
La Sol♯	Ut Si	La La	La Sol	La La
Fa —— Mi	La Sol♯	Fa Mi	Fa ⟶ Ut	Fa Mi

(1) La résolution G1 donnant lieu à deux quintes consécutives, on peut supposer les sons disposés comme dans G2, ce qui éloigne toute discussion sur ce point, au reste peu important.

Page LXIV.

Mettre un filet comme ci-dessous au-dessus du premier alinéa commençant par ces mots : La nécessité d'attribuer, etc.

———————————————————————

Page LXIV. (1ʳᵉ Démonstration.) — **Figure à substituer à celle du texte.**

1ʳᵉ DÉMONSTRATION.

L'agrégation $\begin{cases} Ré\sharp \\ Ut \\ La \\ Fa \end{cases}$ formée d'après la progression des quintes :

FA UT Sol Ré LA Mi Si Fa♯ Ut♯ Sol♯ Ré♯

Page LXIV. — Ligne 8 en remontant.

Au lieu de : la transformation du RÉ en MI♭, *lisez :* du RÉ♯ en MI♭.

Page LXVI. — Entre les lignes 2 et 3 en remontant

Mettre un filet comme ci-dessous pour séparer la phrase.

Page LXVIII.

Mettre sous la seconde figure un filet comme ci-dessous pour séparer.

Page LXX. (fig. du bas de la page.) — **Figure à substituer à celle du texte.**

Une quinte.   Onze quintes.

SI♭   FA   ut   sol   ré   la   mi   si   fa♯   ut♯   sol♯   ré♯   LA♯

Termes enharmoniques équivalents.

SI♭ = LA♯

Page LXXI. — Ligne 9 en remontant.

Au lieu de : Ces accords, rendus avec la précision, *lisez :* Ces accords, rendus avec la précession.

Page LXXV. (2ᵉ fig.) — **Figure à substituer à celle du texte.**

FA♯   ut♯   SOL♯   RÉ♯   la♯   mi♯   SI♯
1   2   3   4   5   6   7

Page LXXV. — Ligne 1re en remontant.

Au lieu d'un point après le mot *diminuée*, *mettez* un deux points.

Page LXXVII. (1re fig.) — **Figure à substituer à celle du texte.**

ré la mi si fa♮ ut♯ sol♯ ré♯

Page LXXXI. (1re fig.) — **Figure à substituer à celle du texte.**

Rapport attractif le plus simple.

FA UT SOL ré la MI SI

Résolution.

Appareil attractif.

Page LXXXIII. — Ligne 4 en remontant.

Au lieu de : les rapports, *lisez* : le rapport.

Page LXXXIV. (1re fig.) — **Figure à substituer à celle du texte.**

1 2 3 4 5 6 7 8 9 10
la♭ mi♭ si♭ fa ut sol ré la mi si

Page LXXXIV. (dern. fig.) — **Figure à substituer à celle du texte.**

La résolution sur l'accord parfait majeur { la♭ —» sol / fa / ré } —» mi peut être également interprétée comme :
{ si / sol } —» ut

UT — 5 ——— 1
Fa — 2 ——— 3
FA — 2 ——— 5

Page LXXXV. — Ligne 3 en descendant.

Au lieu de : attachée aux degrés 5 ou 1, *lisez :* attachée aux degrés 5—1.

Page LXXXV. — Ligne 11 en descendant.
(Ligne à substituer à celle du texte et mettre un filet comme ci-dessous.)

LA♭   MI♭   si♭(nul)   FA   UT   SOL   RÉ   la(nul)   mi(nul)   SI

Page LXXXV. — **Figure à substituer à celle du texte.**

A. Série formant le type normal du mode d'ut mineur.

la♭ mi♭ si♭ fa ut sol ré la mi si
1   2   3   4   5   6   7   8   9   10

B. Série indéterminée (en UT, FA, fa).

résolution : la♭ —» sol
              fa —» mi♭
              ré
              si
              sol —» ut

ut, 5 —— 1

résolution : la♭ —» sol
              fa —» mi
              ré
              si
              sol —» ut

fa   2 —— 5
FA   2 —— 5
UT   5 —— 1

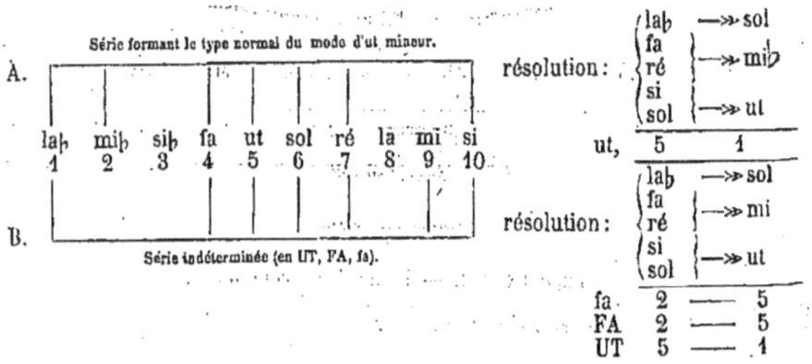

Page LXXXVI. — Ligne 2 en descendant.

Au lieu de : de deux résonnances, *lisez :* des deux resonnances.

Même page. — Ligne 6 en remontant.

Au lieu de : dixième son, *lisez :* sixième son.

Page LXXXVII. (1re fig.) — Figure à substituer à celle du texte.

Exemple C (UT majeur).

la♭(nul) mi♭(nul) si♭ fa ut sol ré(nul) la mi(nul) si(nul) fa♯ ut♯ sol♯

Exemple D (la mineur).

Exemple E (ut mineur).

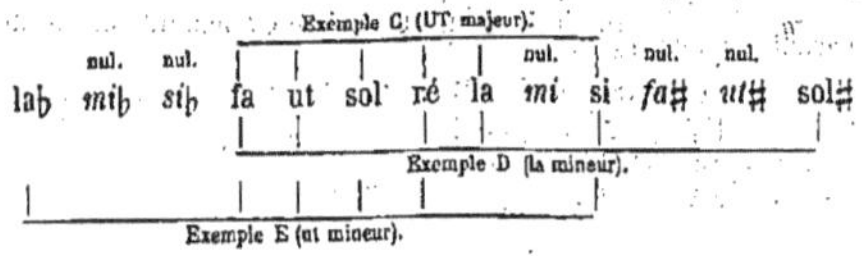

Page LXXXVIII. — Sous la 7ᵉ ligne en descendant.

Mettre un filet comme ci-dessous.

―――――――――――――――――

Page LXXXIX. — Figure à substituer à celle du texte.

A. Attribution en UT majeur.

Accord attractif....
     la♭ mi♭ si♭ fa ut sol ré la mi si
Résolution..........
Limites du mode d'ut majeur
Relation chromat: la♭................... la♮

Page XC. (2ᵉ fig.) — Figure à substituer à celle du texte.

Accord attractif.......
    ré♭ la♭ mi♭ si♭ fa ut sol ré la mi si
Résolution..........
Termes formant le mode de Fa mineur
Relations chromatiques... { ré♭...........ré♮
       si♭.............si♮

Page XCII. — Figure à substituer à celle du texte.

F. { Accord parfait majeur..............
    la♭ mi♭ si♭ fa ut sol ré la mi si
 { Accord parfait mineur.

Page XCIV. (1ʳᵉ fig.) — Figure à substituer à celle du texte.

Résonnance grave: On sait que les trois sons de l'accord parfait majeur :
{ sol
{ mi pris deux à deux avec les rapports : { mi 5 | sol 6, { sol 3
{ ut   { ut 4 | mi 5 { ut 2
ou leurs renversements, produiront au grave le son 1, double octave grave du son 4.

3

10

Page XCVIII. (2ᵉ fig.) — Figures à substituer à celles du texte.

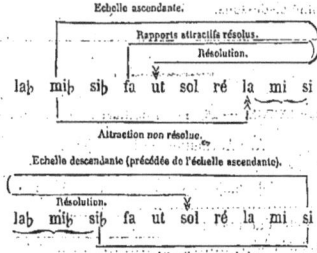

Page C. — Ligne 10 en remontant.

Au lieu de: avec les deux premiers termes de droite, *lisez :* avec les deux premiers termes de gauche.

Page CI. — Sous la 3ᵉ ligne en descendant.

Mettre un filet comme ci-dessous pour séparer les deux phrases.

Page CI. (3ᵉ fig.) — Figure à substituer à celle du texte.

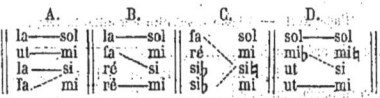

Page CIV. (1ʳᵉ fig.) — Figure à substituer à celle du texte.

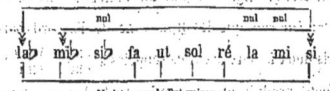

Page CIV. (2ᵉ fig.) — **Figure à substituer à celle du texte.**

fa ut sol ré la mi SI fa♯ ut♯ sol♯ ré♯

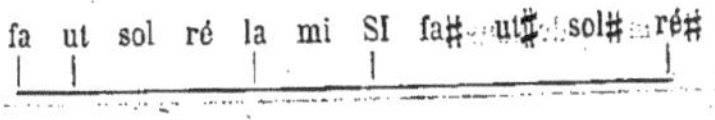

Page CV. — Sous la 4ᵉ figure.

Mettre un filet comme ci-dessous.

Page CVI. — Sous la 3ᵉ figure.

Mettre un filet comme ci-dessous.

Page CVII. — Sous la 8ᵉ ligne.

Mettre un filet comme ci-dessous pour séparer les deux alinéas, après les mots : de la formule indiquée plus haut.

Page CIX. (1ʳᵉ fig.) — **Figure à substituer à celle du texte.**

Accord très usité M'

fa ut sol ré la mi si fa♯ ut♯ sol♯ ré♯

fondamentale
retranchée.

Accord moins usité M''

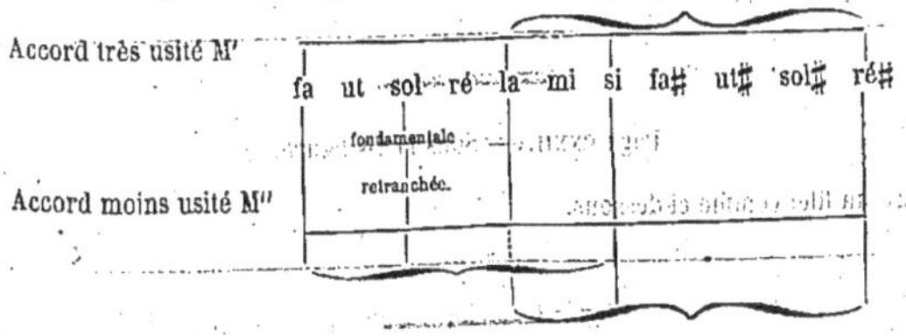

Page CIX. — Ligne 6 en descendant.

Mettre un filet comme ci-dessous.

Page CIX. — 2ᵉ figure.

Au lieu de : termes exclus, qui est entre parenthèses, lisez : terme exclus.

Page CXI. — Sous la 2ᵉ ligne en descendant.

Mettre un filet comme ci-dessous.

―――――――――――――――――

Page CXII. — Ligne 8 en descendant.

Au lieu de : les termes extrêmes, *lisez* : les termes externes.

―――――――――――――――――

Page CXVII. — **Figure à substituer à celle du texte.**

Relation attractive de 8 termes.

ut♭ sol♭ ré♭ la♭ mi♭ | si♭ fa ut sol ré la mi si
8   7   6
          Pôle   Pôle
       descendant.   ascendant.

―――――――――――――――――

Page CXVII. — Sous la 3ᵉ figure.

Mettre un filet comme ci-dessous.

―――――――――――――――――

Page CXXII. — Sous la 1ʳᵉ figure.

Mettre un filet comme ci-dessous.

―――――――――――――――――

Page CXXIII. — Ligne 13 en remontant.

Au lieu de : et les termes sol et si, *lisez* : et les termes sol♯ et si.

―――――――――――――――――

Page CXXV. — Ligne 10 en descendant.

Au lieu de : existe entre la tierce majeure, *lisez* : existe entre sa tierce majeure.

Page CXXVII. (2ᵉ fig.) — **Figures à substituer à celles du texte.**

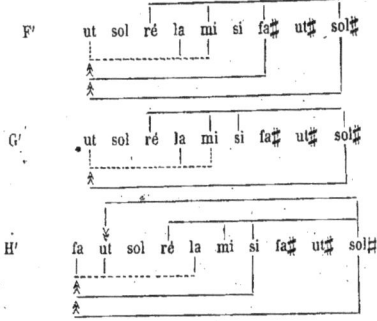

Page CXXIX. — Ligne 19 en descendant.

Au lieu de : Gamme descendante, *lisez :* Gamme ascendante.

Page CXXXI. — **Figure à substituer à celle du texte.**

TROIS MESURES-VALEURS ÉGALES
Savoir : une ronde par mesure.

fa♮	mi	ré♯
ut	si	si
la	sol	la
la	si	si

(C.)

NOTA. La relation de triton (fa-si) se montre deux fois entre le fa ♮ de la partie supérieure, et les deux si que prononcent la basse et la seconde partie, dans la seconde mesure.

Page CXXXIII. — Ligne 10 en descendant.

Au lieu de :

TROIS MESURES, VALEURS ÉGALES,
une ronde par mesure.

lisez :

QUATRE MESURES, VALEURS ÉGALES,
une ronde par mesure.

TABLE DES MATIÈRES.

	Pages.
Exposition. — Questions principales à résoudre	III
Première question : Pourquoi le nombre des sons étant infini, l'échelle naturelle, parcourue du grave à l'aigu et de l'aigu au grave, n'admet-elle que sept sons, et la gamme chromatique que douze, après lesquels les autres sons répètent les premiers à l'octave ?	V
Disposition des sons en progression de quintes	VI
Tolérance de l'oreille dans l'appréciation des sons et de leurs rapports	XII
Erreurs dans l'appréciation de l'amplitude des demi-tons diatonique et chromatique	XIII
Principe d'inertie dirigeant l'oreille dans l'appréciation des intervalles	XVI
Deuxième question : Pourquoi les sept sons de l'échelle diatonique sont-ils disposés irrégulièrement, c'est-à-dire à des distances inégales d'abord, puisqu'il y a des intervalles d'un ton et d'un demi-ton, et ensuite par quantités inégales, puisque les demi-tons sont séparés entre eux alternativement par deux tons et trois tons ?	XXII
Troisième question : Les sept sons de l'ordre diatonique étant donnés, quelle est la loi qui assigne à la tonique et aux autres degrés le rang qu'ils occupent dans le système musical moderne ?	XXIV
Loi d'attraction résultant de l'égalité entre les nombres de vibrations de l'accord attractif et de l'agrégation résolutive	XXV
Détermination de la tonique par la résonnance grave de deux sons aigus	XXXI
Quatrième question : A quelle cause peut-on rapporter l'attraction résolutive de la note sensible, de la note septième, de la neuvième majeure et mineure, de la quinte augmentée, de la sixte augmentée, etc.	XXXV
De l'exclusion de l'altération par abaissement, appliquée au cinquième degré de la gamme	XXXVII
Attraction considérée en général	XL
Attraction à huit termes (demi-ton chromatique)	XLVI

	Pages.
Attraction à neuf termes (quinte augmentée)	XLVII
Attraction à dix termes (seconde augmentée ou septième diminuée)	XLVIII
Attraction à onze termes (sixte augmentée ou tierce diminuée)	LIV
N. B. Les deux études précédentes contiennent une partie de la réponse à la Cinquième Question : « Pourquoi la résolution de certains accords « attractifs peut-elle avoir lieu indifférem-« ment sur l'accord parfait majeur ou mi-« neur, tandis que d'autres ne se résolvent « que sur l'un des deux ? » Cette réponse est complétée page CI et suivantes.	
Recherche de la fondamentale de l'accord de sixte augmentée avec quinte juste. Première démonstration	LXIV
Deuxième démonstration. Maximum de distance, sur l'échelle des quintes, entre deux termes successifs d'une agrégation.	LXV
Remarque sur le rapport de six termes ou cinq quintes, produisant les intervalles de septième majeure et seconde mineure (demi-ton diatonique)	LXVIII
Deux conséquences importantes de la démonstration précédente. Attraction à douze termes (tierce augmentée)	LXX
Attraction à quatorze termes (quarte maxime)	LXXII
Maximum de distance entre les termes extrêmes des agrégations attractives	LXXIX
Sixième question : Formation du mode mineur. Premier type ou type normal	LXXX
Deuxième type	XCVI
Démonstration du principe mentionné pages LVIII—LIX. Suite de la discussion relative à la Cinquième Question	CI
Pôles de l'élément attractif	CIII
Complément de l'Etude relative à l'exclusion du sol♭ (Altération par abaissement du cinquième degré de la gamme, page XXXVII). Application aux retards, Appogiatures et Flexions	CXI
Application à la succession des accords	CXVII
Plusieurs conséquences remarquables de ce qui précède	
Accord de quinte diminuée	CXXXII

TRAITÉ
THÉORIQUE ET PRATIQUE
DE
COMPOSITION MUSICALE

PAR A. BARBEREAU

Paris, chez Schonenberger, Éditeur de musique, boulevard Poissonnière, 28
et chez tous les marchands de musique.

ESTHÉTIQUE MUSICALE

TECHNIE

LOIS GÉNÉRALES DU SYSTÈME HARMONIQUE

Par le comte Camille DURUTTE, d'Ypres

Paris, chez Gauthier-Villars, successeur de Mallet-Bachelier, imprimeur-libraire
de l'école Polytechnique, quai des Grands-Augustins, 55.

RÉPONSE

à la prétendue réfutation du Système Harmonique exposé dans l'ouvrage
précédent, par M. FÉTIS, suivie de l'exposé du *principe
absolu du Rhythme musical.*

Paris, chez Gauthier-Villars, et E. Dentu, au Palais-Royal.

www.ingramcontent.com/pod-product-compliance
Lightning Source LLC
Chambersburg PA
CBHW060455050426
42451CB00014B/3332